山西珍贵文物档案

1

山西博物院青铜器卷

山西省文物局 编

科 学 出 版 社
北 京

图书在版编目（CIP）数据

山西珍贵文物档案. 1 / 山西省文物局编. —北京：科学出版社，2018.8
ISBN 978-7-03-057403-9

Ⅰ. ①山…　Ⅱ. ①山…　Ⅲ. ①文物–介绍–山西　Ⅳ. ①K872.25

中国版本图书馆CIP数据核字（2018）第094490号

责任编辑：张亚娜　樊　鑫 / 责任校对：邹慧卿
责任印制：肖　兴 / 书籍设计：李猛工作室

科学出版社 出版
北京东黄城根北街16号
邮政编码：100717
http://www.sciencep.com

北京华联印刷有限公司 印刷

科学出版社发行　各地新华书店经销

*

2018年8月第　一　版　开本：889 × 1194　1/16
2018年8月第一次印刷　印张：16
字数：130 000

定价：300.00元

（如有印装质量问题，我社负责调换）

《山西珍贵文物档案》编辑委员会

凡 例

1.《山西珍贵文物档案》（以下简称《档案》）是山西省境内国家机关、事业单位、国有企业及国有控股企业收藏的珍贵文物档案。内容包括收藏文物目录、文物基础信息及文物图片。

2.《档案》中的文物原则上是以历次经国家文物局、省文物局组织专家认定的珍贵文物，包含已在第一次全国可移动文物普查平台上备案的珍贵文物或在普查后新定级的珍贵文物。信息表中的“级”即为所认定珍贵文物的级别。

3. 珍贵文物分类原则上按照国家文物局馆藏分类标准来分类，信息表中以“类”表示。

4. 文物的基础信息包括文物名称，国家普查平台登录号，收藏单位，收藏单位原始编号（或辅助账号、发掘号），级别，分类，尺寸，年代，来源，入藏时间等10项内容。

5. 文物名称原则是依据第一次全国可移动文物普查定名标准定名，但部分文物的定名保留原始账号的名称。

6. 文物单位编号分收藏单位原始编号和国家普查平台登录号，表中“原”为收藏单位原始档案编号，“No”是国家可移动文物普查平台登录号。

7. 年代采用中国史学界公认的纪年，古人类和古脊椎动物化石地点使用地质年代，史前文物使用考古学年代、历史文物使用王朝年代，纪年确切的用公元纪年表示，个别判定不清年代的文物用“年代不详”表示。信息中的“代”是指文物本体的年代，各类文物年代按时代早晚顺序排列。

8. 信息表中的“源”是指现收藏单位获得文物的来源，“入”是指馆藏文物单位登记入库的时间。

9. 文物本体尺寸，依照第一次全国可移动文物普查的标准测量，信息表中的“cm”是指文物本体尺寸，以厘米计量。

《山西珍贵文物档案》编辑委员会

前言

人类对文物艺术品的收藏由来已久，从私人收藏、欣赏、研究，发展到创办博物馆向公众开放，走过了悠悠数千年的漫长道路。文物藏品是博物馆工作的物质基础，妥善保护和管理博物馆藏品，并在此基础上拓展其用途，使之更好地为公众和社会发展服务，这应当是博物馆以及其他文物收藏单位藏品管理工作的出发点和落脚点。

博物馆藏品管理是伴随着博物馆的出现而“与生俱来”的，世界各国大都经历了对藏品认识的不断深化，不断走向规范化、制度化和科学化的发展过程。中国的博物馆事业与西方国家相比起步较晚，直到21世纪才步入了快速发展的新时期。1982年颁布的《中华人民共和国文物保护法》规定：“历史上各时代重要实物、艺术品、文献、手稿、图书资料、代表性实物等可移动文物，分为珍贵文物和一般文物；珍贵文物分为一级文物、二级文物、三级文物”；“博物馆、图书馆和其他文物收藏单位对收藏的文物，必须区分文物等级，设置藏品档案，建立严格的管理制度，并报主管的文物行政部门备案”。同时，对馆藏文物的调拨、举办展览、科学研究、借用、交换、处置、销售、拍卖、出境和馆藏文物的复制、拍摄、拓印也做出了具体规定；1986年文化部印发《博物馆藏品管理办法》，进一步规定“博物馆对藏品负有科学管理、科学保护、整理研究、公开展出和提供使用（对社会主要是提供展品资料、研究成果）的责任”，要求保管工作必须做到“制度健全、账目清楚、鉴定确切、编目详明、保管妥善、查用方便”。国家法律和规章的出台，使可移动文物的保护管理逐步纳入法制化轨道。

2012年2月，《国家“十二五”文化改革发展规划纲要》明确提出“健全文物普查、登记、建档、认定制度，开展可移动文物普查，编制国家珍贵文物名录”。2012年10月，国务院印发《关于开展第一次全国可移动文物普查的通知》。2013年3月，国家普查领导小组办公室向全国印发了《第一次全国可移动文物普查实施方案》。在国家文物局的具体组织下，各级国家机关、事业单位、国有企业及国有控股企业、人民解放军及武警部队按照统一部署，展开了为时5年的国有文物普查工作，共调查102万个国有单位，普查可移动文物计10815万件/套，其中按照普查统一标准登录文物完整信息的有2661万件/套（实际数量6407万件）。这次普查工作，摸清了我国可移动文物资源的总体情况，新发现一批重要文物，建立起国家文物身份证制度，建设了全国文物资源数据库，为健全国家文物资源管理机制，夯实文物基础工作，全面提升文物保护管理水平奠定了坚实基础。

山西是全国文物大省之一，1919 年设立了山西教育图书博物馆，是创建博物馆较早的省份。新中国成立以后，特别是改革开放和 21 世纪以来，全省博物馆事业得到了快速发展，大量新出土文物、社会征集文物入藏各级国有博物馆和其他文物收藏单位，越来越多的现代化博物馆逐步建成，为馆藏文物的保护、研究、展示、文化传播提供了前所未有的条件和基础。但不容忽视的是，也有许多文物收藏单位，因专业力量薄弱、保藏条件有限，藏品管理存在管理理念落后，管理职责不明，制度规范落实不到位，藏品记录不完备，文物分级管理底数不清，档案缺失等诸多问题，给馆藏文物的依法管理、文物藏品的展示利用、文物安全和责任追究带来很多困难和问题。就山西而言，在“一普”之前，珍贵文物的底数始终不清晰，有记载的鉴定定级工作大致如下：

20 世纪 80 年代以前，全省博物馆数量较少，除几个省市级博物馆自行做过一些鉴定定级工作外，没有开展过全省范围的鉴定定级工作。1987～1989 年，省文物局组织开展了一次全省文物系统馆藏文物的鉴定定级工作，对全省文物收藏单位进行文物建档起到了积极的推动作用，遗憾的是，鉴定结束后未形成文件下发收藏单位。1997～1998 年，国家文物局组织文物鉴定委员会专家对我省的鉴定定级成果进行了一次系统梳理和专业确认，奠定了我省珍贵文物定级的基础和范例。2001～2006 年，我省承担财政部、国家文物局馆藏文物数字化和数据库建设试点任务，对录入数据库的 120 万件文物进行了核查，补充了部分珍贵文物信息资料，编印了《山西馆藏一级文物》图录，上报国家文物局备案。

2012～2016 年开展的第一次全国可移动文物普查，是山西全省范围内开展的规模最大、时间最久、效果最好的可移动文物管理的基础性工作。41316 家在晋国家机关、事业单位、国有企业及国有控股企业都纳入了此次普查范围。核定文物收藏单位 413 家，认定并登录文物数据 653100 多条（件/套），实际文物 320 多万件，其中珍贵文物近 6 万件。

珍贵文物是所有文物藏品中的重中之重。在普查后期开展的数据核查过程中，我们清楚地认识到，我省现有珍贵文物在鉴定定级记录、收藏档案记录、账实是否相符、信息是否完备等方面还存在一些问题，我们有责任按照《中华人民共和国文物保护法》的要求，继续对珍贵文物的收藏情况、鉴定定级情况、信息记录资料、收藏流转情况等做出进一步核对和完善，并及时将文物档案的主要信息公之于众，以提升公共文化服务的能力和水平。

文物承载灿烂文明，传承历史文化，维系民族精神，是老祖宗留给我们的宝贵遗产，是加强社会主义精神文明建设的深厚滋养。保护好、管理好、利用好、传承好历史文物，是新时代社会主义文博工作的重大使命。为了实现这一目标，我省经过认真分析研究，决定在加强管理的基础上，按照现行管理体制，由省级到市县，从一级文物入手，然后二级、三级，逐步整理、编辑出版《山西珍贵文物档案》（以下简称《档案》），同时利用编印《档案》的任务压力，反过来助推藏品日常管理的精细化和藏品档案的建立健全。我们希望这套《档案》能成为全省文物单位依法保护、管理、利用珍贵文物的工具书，同时也能有利于文物信息的社会共享，起到公共文化服务的积极作用。

编辑出版文物档案，没有先例可循，我们只是因着粗浅的认识和责任担当意识抛砖引玉，为全国同行探路试水，因此缺点和错误定所难免。真诚希望国家文物局和专家学者批评指正，使我们在今后的工作中不断改进。

目录

商 饕餮纹铜鼎

No 14010921800016100321 33

藏 山西博物院

原 S.7238

级 一级

类 铜器

代 商

cm 通高 18，口径 12

源 1982 年山西省洪洞县上村出土

入 2004 年

商 饕餮纹铜鼎

No 1401092180001610021459

藏 山西博物院

原 S.5754

级 一级

类 铜器

代 商

cm 通高 73，口径 47.5，足高 27

源 1990 年山西省平陆县前庄村出土

入 2012 年

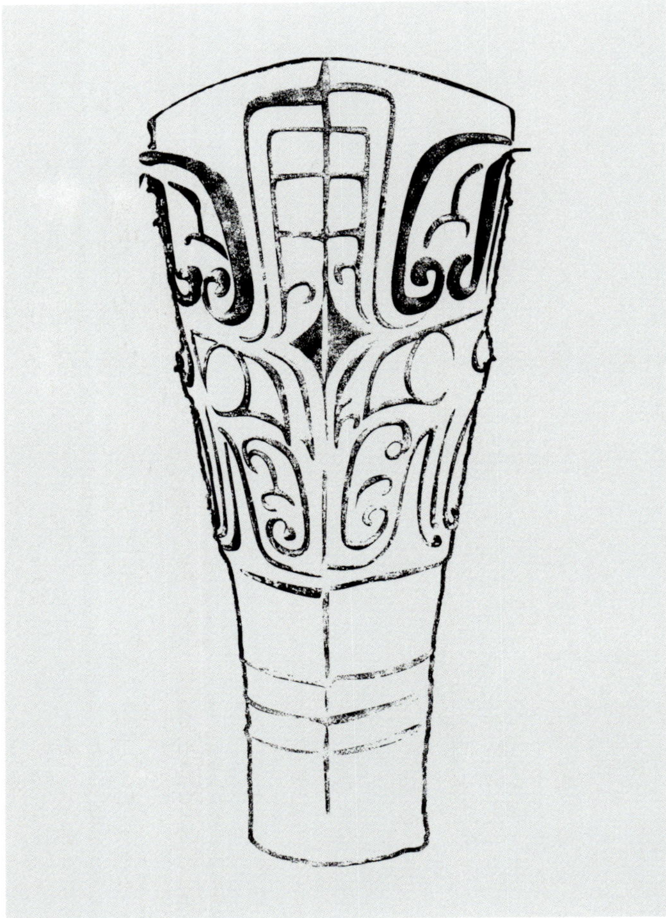

商 乳钉纹铜方鼎

No 1401092180001610021460

藏 山西博物院

原 S.5753

级 一级

类 铜器

代 商

cm 通高 82，口长 50、宽 50

源 1990 年山西省平陆县前庄村出土

入 2012 年

商 夔纹铜鼎

No 1401092180001610026539
藏 山西博物院
原 60.E.1146
级 一级
类 铜器
代 商
cm 通高 24，口径 20
源 1959 年山西省石楼县桃花者出土
入 1960 年

商 兽面纹铜鼎

No 1401092180001600131575

藏 山西博物院

原 S.36

级 一级

类 铜器

代 商

cm 通高 24.1，口径 19

源 1966 年山西省忻县连寺沟出土

入 1972 年

商 兽面纹铜鼎

No 1401092180001600131979

藏 山西博物院

原 60.E.1005

级 一级

类 铜器

代 商

cm 通高 25.7，口径 20.3

源 1938 年山西省忻县连寺沟牛子坪出土

入 1960 年

商 斜角云雷纹分裆铜鼎

No 1401092180001600131865

藏 山西博物院

原 南 861

级 一级

类 铜器

代 商

cm 通高 19.6，口径 17.5

源 1957 年山西省石楼县二郎坡出土

入 1959 年

商 寝孳铜方鼎

No 1401092180001610021511

藏 山西博物院

原 S.5564

级 一级

类 铜器

代 商

cm 通高 25.6，长 16，宽 12

源 1981 年山西省曲沃县曲村出土

入 2009 年

商 弦纹铜甗

No 1401092180001600130821

藏 山西博物院

原 南 862

级 一级

类 铜器

代 商

cm 通高 50.3，口径 16.5

源 1957 年山西省石楼县二郎坡出土

入 1959 年

商 竖线纹铜簋

- No 140109218000161002 6538
- 藏 山西博物院
- 原 60.E.1149
- 级 一级
- 类 铜器
- 代 商
- cm 通高 27，口径 33，底径 20.2
- 源 1959 年山西省石楼县桃花者出土
- 入 1960 年

商 兽面纹铜爵

No 1401092180001600150425

藏 山西博物院

原 南 879

级 一级

类 铜器

代 商

cm 高 19.4，口长 18

源 1957 年山西省石楼县后兰家沟出土

入 1959 年

879

商 夔纹铜斝

No 1401092180001610020700

藏 山西博物院

原 南 884

级 一级

类 铜器

代 商

cm 通高 38，口径 23

源 1957 年山西省石楼县后兰家沟出土

入 1959 年

商 兽面纹铜斝

No 1401092180001600131609

藏 山西博物院

原 60.E.1153

级 一级

类 铜器

代 商

cm 通高 45.1，口径 23.2

源 1959 年山西省石楼县桃花者出土

入 1960 年

商 龙形铜觥

No 1401092180001610026532

藏 山西博物院

原 60.E.1159

级 一级

类 铜器

代 商

cm 通长 43.8，高 19，宽 12

源 1959 年山西省石楼县桃花者出土

入 1960 年

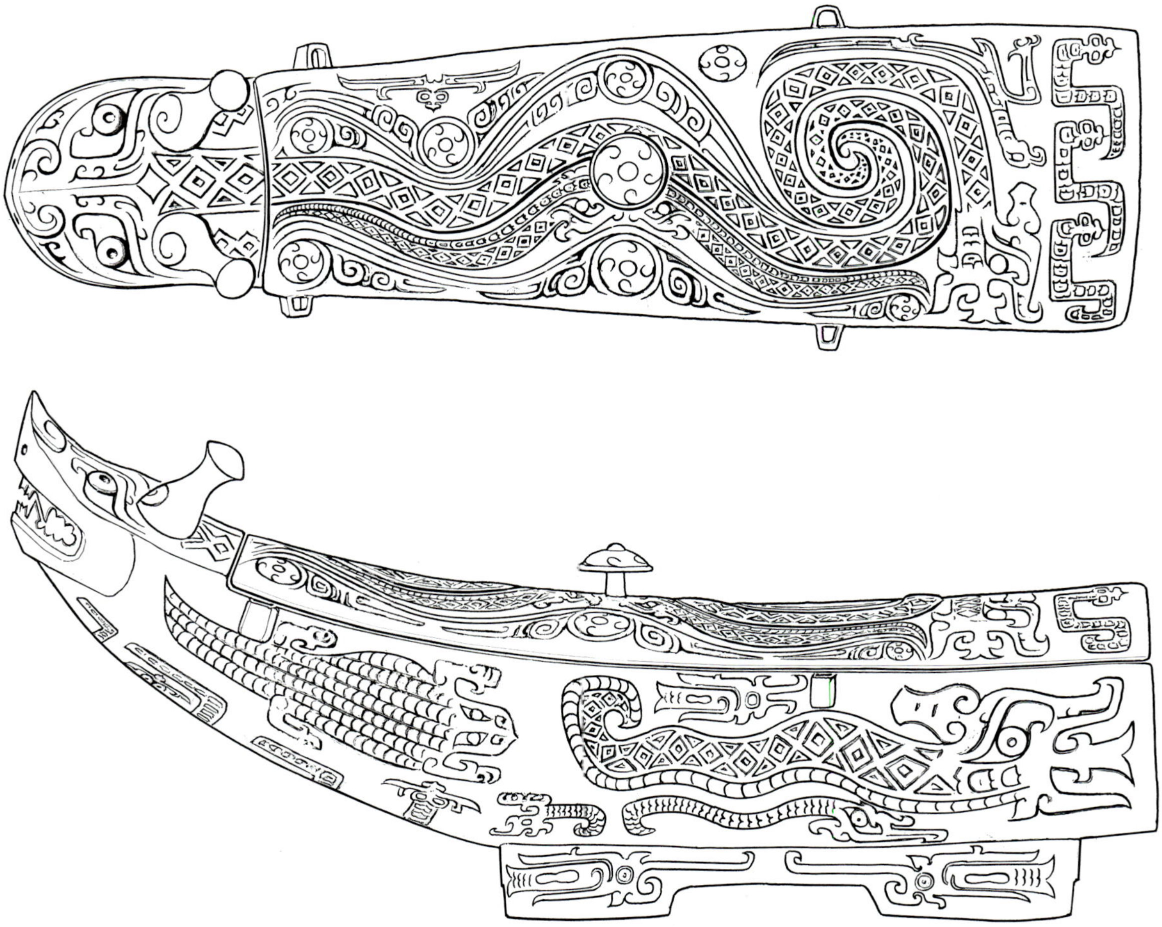

商 夔龙纹兽形铜觥

No 1401092180001610021790

藏 山西博物院

原 S.4305

级 一级

类 铜器

代 商

cm 通高 22，通长 24

源 1971 年山西省灵石县旌介村出土

入 1989 年

商 兽面纹龙首提梁铜卣

No 14010921800016100265533

藏 山西博物院

原 60.E.1158

级 一级

类 铜器

代 商

cm 通高 34.8，口长 17.6、宽 13.7

源 1959 年山西省石楼县桃花者出土

入 1960 年

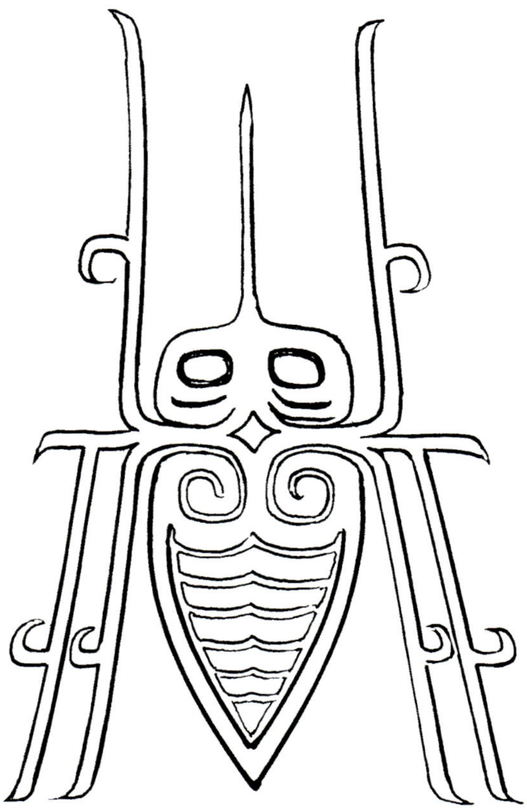

商 鸮形铜卣

No 1401092180001610020709

藏 山西博物院

原 南 865

级 一级

类 铜器

代 商

cm 通高 20，长 16，宽 12.3

源 1957 年山西省石楼县后兰家沟出土

入 1959 年

商 速父戊绳纹提梁铜卣

No 14010921800016000131678

藏 山西博物院

原 S.1

级 一级

类 铜器

代 商

cm 通高 20.6，口径 9.8，腹宽 16

源 1971 年山西省太原冶炼厂拣选

入 1972 年

商 云雷地乳钉纹铜瓿

No 14010921800016100207O1

藏 山西博物院

原 南 883

级 一级

类 铜器

代 商

cm 通高 25，腹径 29，口径 16.8

源 1957 年山西省石楼县后兰家沟出土

入 1959 年

商 雷纹出戟铜瓿

No 1401092180001610021792
藏 山西博物院
原 S.43
级 一级
类 铜器
代 商
cm 通高 22.7，口径 21.2，腹径 32.5
源 1971 年山西省保德县林遮峪出土
入 1972 年

商 雷纹铜瓿

No 14010921800016001316 65

藏 山西博物院

原 60.E.1154

级 一级

类 铜器

代 商

cm 通高 30.8，口径 29.7，底径 26.3

源 1959 年山西省石楼县桃花者出土

入 1960 年

商 云纹铜铃觚

No 1401092180001610026535

藏 山西博物院

原 60.E.1156

级 一级

类 铜器

代 商

cm 高 32，口径 18

源 1959 年山西省石楼县桃花者出土

入 1960 年

商 兽面纹铜觚

- No 14010921800016000109718
- 藏 山西博物院
- 原 60.E.1155
- 级 一级
- 类 铜器
- 代 商
- cm 高 32，口径 17
- 源 1959 年山西省石楼县桃花者出土
- 入 1960 年

商 兽面纹铜觚

No 1401092180001600131746

藏 山西博物院

原 S.37

级 一级

类 铜器

代 商

cm 高 24.5，口径 14.2

源 1966 年山西省忻县连寺沟出土

入 1972 年

商 兽面纹铜觚

No 1401092180001600131368
藏 山西博物院
原 南 886
级 一级
类 铜器
代 商
cm 高 26.6，口径 16.1
源 1957 年山西省石楼县后兰家沟出土
入 1959 年

商 蛇首长柄铜斗

No 1401092180001610020699

藏 山西博物院

原 南 887

级 一级

类 铜器

代 商

cm 通长 37，口径 4.8

源 1957 年山西省石楼县后兰家沟出土

入 1959 年

商 三鱼涡纹铜盆

- No 1401092180001610026530
- 藏 山西博物院
- 原 60.E.1162
- 级 一级
- 类 铜器
- 代 商
- cm 通高 19.1，口径 46.7
- 源 1959 年山西省石楼县桃花者出土
- 入 1960 年

商 兽面纹铜钺

No 1401092180001610020705

藏 山西博物院

原 南 873

级 一级

类 铜器

代 商

cm 长 17，宽 11.2

源 1957 年山西省石楼县后兰家沟出土

入 1959 年

商 兽面纹铜钺

No 1401092180001610020706

藏 山西博物院

原 南 872

级 一级

类 铜器

代 商

cm 长 17，宽 11

源 1957 年山西省石楼县后兰家沟出土

入 1959 年

商 三銎铜刀

No 1401092180001610020704

藏 山西博物院

原 南 880

级 一级

类 铜器

代 商

cm 长 27，宽 6

源 1958 年山西省石楼县下庄峁出土

入 1959 年

商 三凸钮环首铜刀

No 1401092180001610020708

藏 山西博物院

原 南 870

级 一级

类 铜器

代 商

cm 长 34，宽 4

源 1957 年山西省石楼县后兰家沟出土

入 1959 年

商 铃首铜剑

No 1401092180001610021458

藏 山西博物院

原 S.60

级 一级

类 铜器

代 商

cm 长 32，宽 5.8

源 1971 年山西省保德县林遮峪出土

入 1972 年

商 虎饰铲形铜器

No 1401092180001610026536

藏 山西博物院

原 60.E.1152

级 一级

类 铜器

代 商

cm 长 18，宽 4.5

源 1959 年山西省石楼县桃花者出土

入 1960 年

商 凤首笄形铜器

No 14010921800016100026537
藏 山西博物院
原 60.E.1151
级 一级
类 铜器
代 商
cm 通长 17.5，首宽 4.5
源 1959 年山西省石楼县桃花者出土
入 1960 年

商 人首笄形铜器

No 14010921800016100026540
藏 山西博物院
原 60.E.1008
级 一级
类 铜器
代 商
cm 通长 16.5，首宽 4
源 1938 年山西省忻县连寺沟出土
入 1960 年

西周 父丁铜鼎

No 1401092180001600126972

藏 山西博物院

原 南 763

级 一级

类 铜器

代 西周

cm 通高 21，口径 18.5

源 1957 年山西省洪洞县永凝堡出土

入 1959 年

西周 晋侯邦父铜鼎

No 14010921800016000127241

藏 山西博物院

原 S.5409

级 一级

类 铜器

代 西周

cm 通高 37.2，口径 24.5

源 1993 年山西省曲沃县晋侯 64 号墓出土

入 2009 年

西周 双盖铜方鼎

No 1401092180001600127023

藏 山西博物院

原 S.4332

级 一级

类 铜器

代 西周

cm 通高 8，长 12.2，宽 10.2

源 1974 年山西省闻喜县上郭村 49 号墓出土

入 2000 年

西周 晋侯断铜簋

No 1401092180001600127042

藏 山西博物院

原 S.5405

级 一级

类 铜器

代 西周

cm 通高 38.4，口径 24.8

源 1992 年山西省曲沃县晋侯 8 号墓出土

入 2009 年

西周 恒父旅兽面纹铜簋

No 14010921800016001270 39

藏 山西博物院

原 S.5756

级 一级

类 铜器

代 西周

cm 通高 19.8，口径 14

源 1980 年山西省洪洞县永凝堡村出土

入 2012 年

西周 晋姜铜簋

- No 14010921800016000127178
- 藏 山西博物院
- 原 S.5397
- 级 一级
- 类 铜器
- 代 西周
- cm 高 15.6，口径 24.1
- 源 1992 年山西省曲沃县晋侯 13 号墓出土
- 入 2009 年

西周 铜兔尊

No 1401092180001600127041

藏 山西博物院

原 S.5407

级 一级

类 铜器

代 西周

cm 通高 13.8，长 20.4

源 1992 年山西省曲沃县晋侯 8 号墓出土

入 2009 年

西周 铜兔尊

No 1401092180001600127006

藏 山西博物院

原 S.5406

级 一级

类 铜器

代 西周

cm 通高 22.2，长 31.8

源 1992 年山西省曲沃县晋侯 8 号墓出土

入 2009 年

西周 饕餮纹铜尊

No 1401092180001600127283

藏 山西博物院

原 S.5566

级 一级

类 铜器

代 西周

cm 通高 22.3，口径 19

源 1980 年山西省曲沃县曲村出土

入 2009 年

西周 晋侯铜鸟尊

No 1401092180001600127212

藏 山西博物院

原 S.5392

级 一级

类 铜器

代 西周

cm 通高 39，长 30.5，宽 17.5

源 2000 年山西省曲沃县晋侯 114 号墓出土

入 2010 年

西周 饕餮纹提梁铜卣

No 1401092180001600127008

藏 山西博物院

原 S.5565

级 一级

类 铜器

代 西周

cm 通高 20.5，口长 11.2、宽 9.1

源 1980 年山西省曲沃县曲村出土

入 2009 年

西周 虿父己铜卣

No 1401092180001600126959

藏 山西博物院

原 S.3679

级 一级

类 铜器

代 西周

cm 通高 37，口径 9，底径 14.5

源 1962 年山西省翼城县凤家坡出土

入 1983 年

西周 亳父乙铜卣

- No 14010921800001600109742
- 藏 山西博物院
- 原 63.E.7
- 级 一级
- 类 铜器
- 代 西周
- cm 通高 21.8，口径 9.4，腹径 15
- 源 1961 年山西省洪洞县坊堆出土
- 入 1963 年

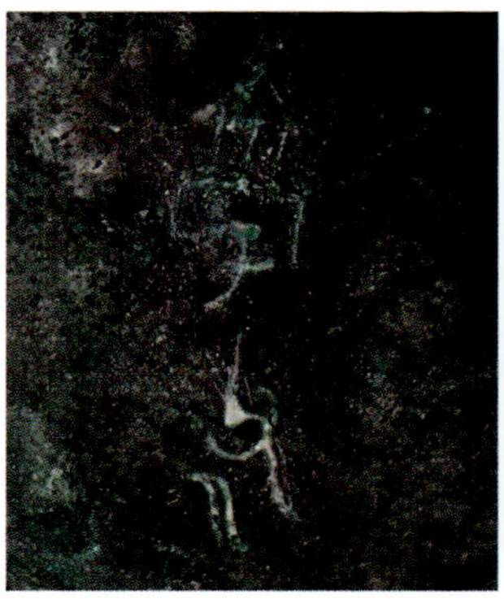

西周 晋侯斷铜壶

No 14010921800016001272577

藏 山西博物院

原 S.5404

级 一级

类 铜器

代 西周

cm 通高 68.8，腹宽 35.2，口长 22.2、宽 18

源 1992 年山西省曲沃县晋侯 8 号墓出土

入 2009 年

西周 杨姞铜壶

No 14010921800016000127193

藏 山西博物院

原 S.5431

级 一级

类 铜器

代 西周

cm 通高 35.8，口径 12.4

源 1993 年山西省曲沃县晋侯 63 号墓出土

入 2009 年

西周 杨姞铜壶

- No 1401092180001600127240
- 藏 山西博物院
- 原 S.5432
- 级 一级
- 类 铜器
- 代 西周
- cm 通高 35.8，口径 12.4
- 源 1993 年山西省曲沃县晋侯 63 号墓出土
- 入 2009 年

西周 兽目交连纹铜方壶

- No 14010921800016001271 84
- 藏 山西博物院
- 原 S.5415
- 级 一级
- 类 铜器
- 代 西周
- cm 通高 54.5，口长 14.3、宽 19.1
- 源 1993 年山西省曲沃县晋侯 64 号墓出土
- 入 2009 年

西周 荀侯铜匜

No 1401092180001600127174

藏 山西博物院

原 S.4336

级 一级

类 铜器

代 西周

cm 通长 43，通高 16.5，宽 17.5

源 1974 年山西省闻喜县上郭村 55 号墓出土

入 2000 年

西周 贮子铜匜

No 1401092180001600150426

藏 山西博物院

原 S.4337

级 一级

类 铜器

代 西周

cm 通长 36，通高 18.5，宽 17

源 1974 年山西省闻喜县上郭村出土

入 2000 年

西周 乌盖人足铜盉

No 14010921800016001270002

藏 山西博物院

原 S.5408

级 一级

类 铜器

代 西周

cm 通高 34.6，腹径 21.8

源 1992 年山西省曲沃县晋侯 31 号墓出土

入 2009 年

西周 楚公逆铜编钟

No 14010921800016001314 90

藏 山西博物院

原 S.5417

级 一级

类 乐器、法器

代 西周

cm 通高 22.4，铣距 12.1

源 1993 年山西省曲沃县晋侯 64 号墓出土

入 2009 年

西周 楚公逆铜编钟

No 1401092180001600131349

藏 山西博物院

原 S.5418

级 一级

类 乐器、法器

代 西周

cm 通高 24，铣距 13

源 1993 年山西省曲沃县晋侯 64 号墓出土

入 2009 年

西周 楚公逆铜编钟

No 1401092180001600131217

藏 山西博物院

原 S.5419

级 一级

类 乐器、法器

代 西周

cm 通高 32.3，铣距 17.5

源 1993 年山西省曲沃县晋侯 64 号墓出土

入 2009 年

西周 楚公逆铜编钟

No 14010921800016000131406

藏 山西博物院

原 S.5420

级 一级

类 乐器、法器

代 西周

cm 通高 36，铣距 19.8

源 1993 年山西省曲沃县晋侯 64 号墓出土

入 2009 年

西周 楚公逆铜编钟

No 14010921800016001300331

藏 山西博物院

原 S.5421

级 一级

类 乐器、法器

代 西周

cm 通高 47.8，铣距 27.4

源 1993 年山西省曲沃县晋侯 64 号墓出土

入 2009 年

西周 楚公逆铜编钟

No 14010921800016001311 61

藏 山西博物院

原 S.5422

级 一级

类 乐器、法器

代 西周

cm 通高 51，铣距 29

源 1993 年山西省曲沃县晋侯 64 号墓出土

入 2009 年

西周 楚公逆铜编钟

No 1401092180001600131242

藏 山西博物院

原 S.5423

级 一级

类 乐器、法器

代 西周

cm 通高 50.6，铣距 28

源 1993 年山西省曲沃县晋侯 64 号墓出土

入 2009 年

西周 楚公逆铜编钟

No 1401092180001600131594
藏 山西博物院
原 S.5424
级 一级
类 乐器、法器
代 西周
cm 通高 54，铣距 31
源 1993 年山西省曲沃县晋侯 64 号墓出土
入 2009 年

西周 夔龙纹铜编钟

No 1401092180001600127047

藏 山西博物院

原 S.5449

级 一级

类 乐器、法器

代 西周

cm 通高 21，铣距 10.5

源 1994 年山西省曲沃县晋侯 93 号墓出土

入 2009 年

西周 夔龙纹铜编钟

No 1401092180001600126984
藏 山西博物院
原 S.5450
级 一级
类 乐器、法器
代 西周
cm 通高 21，铣距 10.5
源 1994 年山西省曲沃县晋侯 93 号墓出土
入 2009 年

西周 夔龙纹铜编钟

No 14010921800016001271 54

藏 山西博物院

原 S.5451

级 一级

类 乐器、法器

代 西周

cm 通高 23，铣距 10.5

源 1994 年山西省曲沃县晋侯 93 号墓出土

入 2009 年

西周 夔龙纹铜编钟

No 1401092180001600127036

藏 山西博物院

原 S.5452

级 一级

类 乐器、法器

代 西周

cm 通高 23，铣距 12

源 1994 年山西省曲沃县晋侯 93 号墓出土

入 2009 年

西周 夔龙纹铜编钟

No 14010921800016001 27243

藏 山西博物院

原 S.5453

级 一级

类 乐器、法器

代 西周

cm 通高 28，铣距 14.5

源 1994 年山西省曲沃县晋侯 93 号墓出土

入 2009 年

西周 夔龙纹铜编钟

No 14010921800016001269500

藏 山西博物院

原 S.5454

级 一级

类 乐器、法器

代 西周

cm 通高 28.5，铣距 14

源 1994 年山西省曲沃县晋侯 93 号墓出土

入 2009 年

西周 夔龙纹铜编钟

- No 1401092180001600126991
- 藏 山西博物院
- 原 S.5455
- 级 一级
- 类 乐器、法器
- 代 西周
- cm 通高 29.5，铣距 14
- 源 1994 年山西省曲沃县晋侯 93 号墓出土
- 入 2009 年

西周 夔龙纹铜编钟

No 1401092180001600126958

藏 山西博物院

原 S.5456

级 一级

类 乐器、法器

代 西周

cm 通高 29，铣距 15

源 1994 年山西省曲沃县晋侯 93 号墓出土

入 2009 年

西周 夔龙纹铜编钟

No 1401092180001600127244

藏 山西博物院

原 S.5457

级 一级

类 乐器、法器

代 西周

cm 通高 39，铣距 20.5

源 1994 年山西省曲沃县晋侯 93 号墓出土

入 2009 年

西周 夔龙纹铜编钟

No 14010921800016001146444

藏 山西博物院

原 S.5458

级 一级

类 乐器、法器

代 西周

cm 通高 38，铣距 20

源 1994 年山西省曲沃县晋侯 93 号墓出土

入 2009 年

西周 夔龙纹铜编钟

No 1401092180001600127028

藏 山西博物院

原 S.5459

级 一级

类 乐器、法器

代 西周

cm 通高 45，铣距 22

源 1994 年山西省曲沃县晋侯 93 号墓出土

入 2009 年

西周 夔龙纹铜编钟

No 1401092180001600127210

藏 山西博物院

原 S.5460

级 一级

类 乐器、法器

代 西周

cm 通高 43，铣距 23

源 1994 年山西省曲沃县晋侯 93 号墓出土

入 2009 年

西周 夔龙纹铜编钟

No 1401092180001600127216

藏 山西博物院

原 S.5461

级 一级

类 乐器、法器

代 西周

cm 通高 44，铣距 22

源 1994 年山西省曲沃县晋侯 93 号墓出土

入 2009 年

西周 夔龙纹铜编钟

- No 1401092180001600127207
- 藏 山西博物院
- 原 S.5462
- 级 一级
- 类 乐器、法器
- 代 西周
- cm 通高 45，铣距 23
- 源 1994 年山西省曲沃县晋侯 93 号墓出土
- 入 2009 年

西周 夔龙纹铜编钟

No 14010921800016001269 73

藏 山西博物院

原 S.5463

级 一级

类 乐器、法器

代 西周

cm 通高 45，铣距 24.5

源 1994 年山西省曲沃县晋侯 93 号墓出土

入 2009 年

西周 夔龙纹铜编钟

No 1401092180001600127031

藏 山西博物院

原 S.5464

级 一级

类 乐器、法器

代 西周

cm 通高 49，铣距 25

源 1994 年山西省曲沃县晋侯 93 号墓出土

入 2009 年

西周 晋侯稣铜编钟

No 1401092180001600127200

藏 山西博物院

原 S.5467

级 一级

类 乐器、法器

代 西周

cm 高 25.9，铣距 14.9

源 1992 年山西省曲沃县晋侯 8 号墓出土

入 2009 年

西周 晋侯稣铜编钟

No 14010921800016001272 59

藏 山西博物院

原 S.5468

级 一级

类 乐器、法器

代 西周

cm 通高 22.3，铣距 12.9

源 1992 年山西省曲沃县晋侯 8 号墓出土

入 2009 年

西周 龙耳人足铜方盒

- No 14010921800016001272O3
- 藏 山西博物院
- 原 S.5434
- 级 一级
- 类 铜器
- 代 西周
- cm 通高 9.03，通长 19，通宽 15.2
- 源 1993 年山西省曲沃县晋侯 63 号墓出土
- 入 2009 年

西周 立鸟人足铜筒形器

No 14010921800001600127156

藏 山西博物院

原 S.5433

级 一级

类 铜器

代 西周

cm 通高 23.1，口径 9.1

源 1993 年山西省曲沃县晋侯 63 号墓出土

入 2009 年

西周 刖人守囿铜挽车

No 14010921800016001 27263

藏 山西博物院

原 S.5746

级 一级

类 铜器

代 西周

cm 通高 9.1，长 13.7，宽 11.3

源 1989 年山西省闻喜县上郭村出土

入 2012 年

春秋 蟠虺纹铜鼎

No 1401092180001600-27001

藏 山西博物院

原 63.E.140

级 一级

类 铜器

代 春秋

cm 通高 66.5，口径 63.2

源 1961 年山西省侯马市上马村出土

入 1963 年

春秋 蟠螭纹铜镬鼎

No 14010921800016001270З2

藏 山西博物院

原 S.4762

级 一级

类 铜器

代 春秋

cm 通高 93，口径 102，耳距 129

源 1988 年山西省太原市金胜村赵卿墓出土

入 2008 年

春秋 虎头铜匜鼎

No 1401092180001600126974

藏 山西博物院

原 S.1812

级 一级

类 铜器

代 春秋

cm 通高 6.5，口径 4.8

源 1961 年山西省侯马市上马村 14 号墓出土

入 1975 年

春秋 夔凤纹兽耳铜罍

No 1401092180001600127229

藏 山西博物院

原 S.4766

级 一级

类 铜器

代 春秋

cm 通高 36.3，口径 17.2，腹径 37.5

源 1988 年山西省太原市金胜村赵卿墓出土

入 2008 年

春秋 铜鸟尊

No 1401092180001600127268

藏 山西博物院

原 S.4755

级 一级

类 铜器

代 春秋

cm 通高 25.3，长 33

源 1988 年山西省太原市金胜村赵卿墓出土

入 2008 年

春秋 夔龙纹兽耳铜罍

No 1401092180001600150433

藏 山西博物院

原 S.4765

级 一级

类 铜器

代 春秋

cm 通高 36.3，口径 17.2，腹径 37.5

源 1988 年山西省太原市金胜村赵卿墓出土

入 2008 年

春秋 虞侯政铜壶

- No 14010921800016001272 80
- 藏 山西博物院
- 原 S.3174
- 级 一级
- 类 铜器
- 代 春秋
- cm 高 40.6，口长 17、宽 12.6
- 源 1980 年山西省文物商店收购
- 入 1980 年

春秋 铜匏壶

No 14010921800016001271 52

藏 山西博物院

原 S.4754

级 一级

类 铜器

代 春秋

cm 通高 40.8，口径 6.7，腹径 18.2

源 1988 年山西省太原市金胜村赵卿墓出土

入 2008 年

春秋 高柄足铜方壶

№ 1401092180001600126967
藏 山西博物院
原 S.4763
级 一级
类 铜器
代 春秋
cm 通高 27.5，口径 4.4，腹径 8.9
源 1988 年山西省太原市金胜村赵卿墓出土
入 2008 年

春秋 高柄足铜方壶

No 1401092180001600127277

藏 山西博物院

原 S.4764

级 一级

类 铜器

代 春秋

cm 通高 28，口径 4.2，腹径 8.1

源 1988 年山西省太原市金胜村赵卿墓出土

入 2008 年

春秋 夔龙纹铜方盘

No 1401092180001600127276

藏 山西博物院

原 S.6125

级 一级

类 铜器

代 春秋

cm 通高 20.2，长 77，宽 45

源 1983 年山西省潞城市潞河村 7 号墓出土

入 2012 年

春秋 虎头提梁铜匜

No 14010921800016000127211

藏 山西博物院

原 S.4760

级 一级

类 铜器

代 春秋

cm 通高 18.8，长 35.8

源 1988 年山西省太原市金胜村赵卿墓出土

入 2008 年

春秋 夔凤纹四耳铜鉴

No 1401092180001600126998

藏 山西博物院

原 S.4767

级 一级

类 铜器

代 春秋

cm 通高 42.6，口径 71

源 1988 年山西省太原市金胜村赵卿墓出土

入 2008 年

春秋 夔凤纹四耳铜鉴

No 1401092180001600127251

藏 山西博物院

原 S.4768

级 一级

类 铜器

代 春秋

cm 通高 44，口径 70.6

源 1988 年山西省太原市金胜村赵卿墓出土

入 2008 年

春秋 夔凤纹四耳铜鉴

No 1401092180001600127172

藏 山西博物院

原 S.4770

级 一级

类 铜器

代 春秋

cm 通高 42.4，口径 70.6

源 1988 年山西省太原市金胜村赵卿墓出土

入 2008 年

春秋 夔凤纹四耳铜鉴

- No 1401092180001600127188
- 藏 山西博物院
- 原 S.4769
- 级 一级
- 类 铜器
- 代 春秋
- cm 通高 43，口径 71
- 源 1988 年山西省太原市金胜村赵卿墓出土
- 入 2008 年

春秋 蟠螭纹四耳铜鉴

No 1401092180001600150428

藏 山西博物院

原 63.E.143

级 一级

类 铜器

代 春秋

cm 通高 37.5，口径 67.5

源 1961 年山西省侯马市上马村出土

入 1963 年

春秋 铅权

No 1401092180001600150415

藏 山西博物院

原 S.6088

级 一级

类 度量衡器

代 春秋

cm 通高 6.5

源 1960 年山西省侯马铸铜遗址出土

入 2008 年

春秋 窃曲纹筒形铜量

No 1401092180001600126968

藏 山西博物院

原 S.4756

级 一级

类 度量衡器

代 春秋

cm 高 21.5，口径 6.8

源 1988 年山西省太原市金胜村赵卿墓出土

入 2008 年

春秋 环耳筒形铜量

No 14010921800016001127162
藏 山西博物院
原 S.4757
级 一级
类 度量衡器
代 春秋
cm 高 25，口径 13
源 1988 年山西省太原市金胜村赵卿墓出土
入 2008 年

春秋 筒形铜量器

No 14010921800016001126952
藏 山西博物院
原 S.4758
级 一级
类 度量衡器
代 春秋
cm 高 21.5，口径 6.8
源 1988 年山西省太原市金胜村赵卿墓出土
入 2008 年

春秋 蟠虺纹铜编钟

No 1401092180001600131900

藏 山西博物院

原 S.1292

级 一级

类 乐器、法器

代 春秋

cm 通高 36.7，铣距 20.5

源 1961 年山西省侯马市上马村出土

入 1974 年

春秋 蟠虺纹铜编钟

No 14010921800016001313335

藏 山西博物院

原 S.1293

级 一级

类 乐器、法器

代 春秋

cm 通高 34.8，铣距 20.6

源 1961 年山西省侯马市上马村出土

入 1974 年

春秋 蟠虺纹铜编钟

No 140109218000160010973O

藏 山西博物院

原 S.1294

级 一级

类 乐器、法器

代 春秋

cm 通高 31.5，铣距 18

源 1961 年山西省侯马市上马村出土

入 1974 年

春秋 蟠虺纹铜编钟

No 14010921800016001303420

藏 山西博物院

原 S.1295

级 一级

类 乐器、法器

代 春秋

cm 通高 29.4，铣距 18

源 1961 年山西省侯马市上马村出土

入 1974 年

春秋 蟠虺纹铜编钟

No 14010921800016001 30989

藏 山西博物院

原 S.1296

级 一级

类 乐器、法器

代 春秋

cm 通高 17.7，铣距 16

源 1961 年山西省侯马市上马村出土

入 1974 年

春秋 蟠虺纹铜编钟

No 1401092180001600131810

藏 山西博物院

原 S.1297

级 一级

类 乐器、法器

代 春秋

cm 通高 26.5，铣距 15

源 1961 年山西省侯马市上马村出土

入 1974 年

春秋 蟠虺纹铜编钟

No 1401092180001600130927

藏 山西博物院

原 S.1298

级 一级

类 乐器、法器

代 春秋

cm 通高 23，铣距 13.1

源 1961 年山西省侯马市上马村出土

入 1974 年

春秋 蟠虺纹铜编钟

- No 1401092180001600131466
- 藏 山西博物院
- 原 S.1299
- 级 一级
- 类 乐器、法器
- 代 春秋
- cm 通高 21.4，铣距 12
- 源 1961 年山西省侯马市上马村出土
- 入 1974 年

春秋 蟠虺纹铜编钟

No 1401092180001600130875

藏 山西博物院

原 S.1300

级 一级

类 乐器、法器

代 春秋

cm 通高 20，铣距 21

源 1961 年山西省侯马市上马村出土

入 1974 年

春秋 吴叔三穿铜戈

No 1401092180001600131905

藏 山西博物院

原 S.6096

级 一级

类 铜器

代 春秋

cm 长 20.2，宽 9.5

源 1978 年山西省侯马市上马村出土

入 2012 年

春秋 错金王子于三穿铜戈

No 1401092180001600130334

藏 山西博物院

原 63.E.84

级 一级

类 铜器

代 春秋

cm 长 24.5，宽 11

源 1961 年山西省万荣县后土庙附近出土

入 1963 年

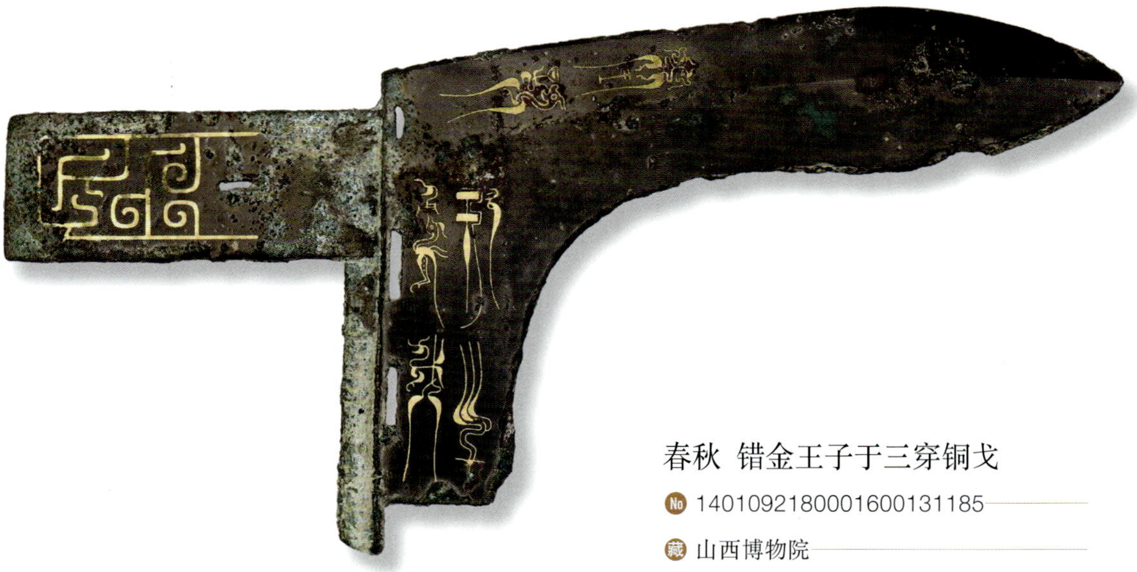

春秋 错金王子于三穿铜戈

No 14010921800016001311185

藏 山西博物院

原 63.E.12

级 一级

类 铜器

代 春秋

cm 长 24.3，宽 11

源 1958 年山西省万荣县后土庙附近出土

入 1963 年

春秋 错金韩锺铜剑

No 14010921800016001311178

藏 山西博物院

原 S.1868

级 一级

类 铜器

代 春秋

cm 长 25.3，宽 3.9

源 1952 年山西省垣曲县谭家村出土

入 1975 年

春秋 夔龙纹铜鼓座

No 1401092180001600076032

藏 山西博物院

原 S.7096

级 一级

类 铜器

代 春秋

cm 通高 36.5，口径 16，底径 78

源 2004 年山西省太原市一电厂出土

入 2014 年

春秋 虎形铜灶

No 1401092180001600127157

藏 山西博物院

原 S.4761

级 一级

类 铜器

代 春秋

cm 灶体通高 22，长 46，宽 38

源 1988 年山西省太原市金胜村赵卿墓出土

入 2008 年

春秋 铜帐顶

No 1401092180001600127014

藏 山西博物院

原 S.4759

级 一级

类 铜器

代 春秋

cm 通高 17.6，顶径 18

源 1988 年山西省太原市金胜村赵卿墓出土

入 2008 年

战国 镂空蟠虺纹铜鼎

No 1401092180001600149522

藏 山西博物院

原 S.6214

级 一级

类 铜器

代 战国

cm 通高 24，口径 26.2

源 1965 年山西省新绛县柳泉村出土

入 2012 年

战国 错金夔龙纹铜豆

No 14010921800016001 26980

藏 山西博物院

原 S.3284

级 一级

类 铜器

代 战国

cm 高 19.2，口径 17

源 1965 年山西省长治分水岭 126 号墓出土

入 1981 年

战国 错银析涅铜壶

No 1401092180001600150434

藏 山西博物院

原 S.3283

级 一级

类 铜器

代 战国

cm 通高 33.5，口径 12.3，腹径 30

源 1981 年山西省文水县□陶村出土

入 1981 年

藏 山西博物院

原 S.789

级 一级

类 度量衡器

代 战国

cm 通高 31.2，口径 12.5

源 1974 年山西省太原冶炼厂拣选

入 1974 年

战国 错金云纹铜舟

No 1401092180001600127029

藏 山西博物院

原 东 1123

级 一级

类 铜器

代 战国

cm 高 7.8，口长 16、宽 15.8

源 1955 年山西省长治分水岭 12 号墓出土

入 1959 年

战国 铜牺立人擎盘

No 1401092180001600123982

藏 山西博物院

原 S.1444

级 一级

类 铜器

代 战国

cm 通高 18，长 18，盘径 14.1

源 1965 年山西省长治分水岭 126 号墓出土

入 1974 年

战国 残线刻楼阁人物纹铜匜

No 14010921800016001 30877

藏 山西博物院

原 东 1552

级 一级

类 铜器

代 战国

cm 长 26，宽 20

源 1955 年山西省长治分水岭 12 号墓出土

入 1959 年

战国 蟠虺纹铜编钟

No 1401092180001600065022

藏 山西博物院

原 东 1006

级 一级

类 乐器、法器

代 战国

cm 通高 33，铣距 17.5

源 1955 年山西省长治分水岭 14 号墓出土

入 1959 年

战国 蟠虺纹铜编钟

No 1401092180001600064889

藏 山西博物院

原 东 1007

级 一级

类 乐器、法器

代 战国

cm 通高 30.7，铣距 16.5

源 1955 年山西省长治分水岭 14 号墓出土

入 1959 年

战国 蟠虺纹铜编钟

No 14010921800016000065138

藏 山西博物院

原 东 1008

级 一级

类 乐器、法器

代 战国

cm 通高 28.8，铣距 16

源 1955 年山西省长治分水岭 14 号墓出土

入 1959 年

战国 蟠虺纹铜编钟

No 1401092180001600065036

藏 山西博物院

原 东 1009

级 一级

类 乐器、法器

代 战国

cm 通高 26.4，铣距 14.6

源 1955 年山西省长治分水岭 14 号墓出土

入 1959 年

战国 蟠虺纹铜编钟

- No 1401092180001600065029
- 藏 山西博物院
- 原 东 1010
- 级 一级
- 类 乐器、法器
- 代 战国
- cm 通高 18.7，铣距 10
- 源 1955 年山西省长治分水岭 14 号墓出土
- 入 1959 年

战国 蟠虺纹铜编钟

No 14010921800016000064824

藏 山西博物院

原 东 1011

级 一级

类 乐器、法器

代 战国

cm 通长 23，铣距 12

源 1955 年山西省长治分水岭 14 号墓出土

入 1959 年

战国 蟠虺纹铜编钟

No 1401092180001600065033

藏 山西博物院

原 东 1012

级 一级

类 乐器、法器

代 战国

cm 通高 21.2，铣距 10.9

源 1955 年山西省长治分水岭 14 号墓出土

入 1959 年

战国 蟠虺纹铜编钟

No 14010921800016000065141

藏 山西博物院

原 东 1013

级 一级

类 乐器、法器

代 战国

cm 通高 25.2，铣距 13.2

源 1955 年山西省长治分水岭 14 号墓出土

入 1959 年

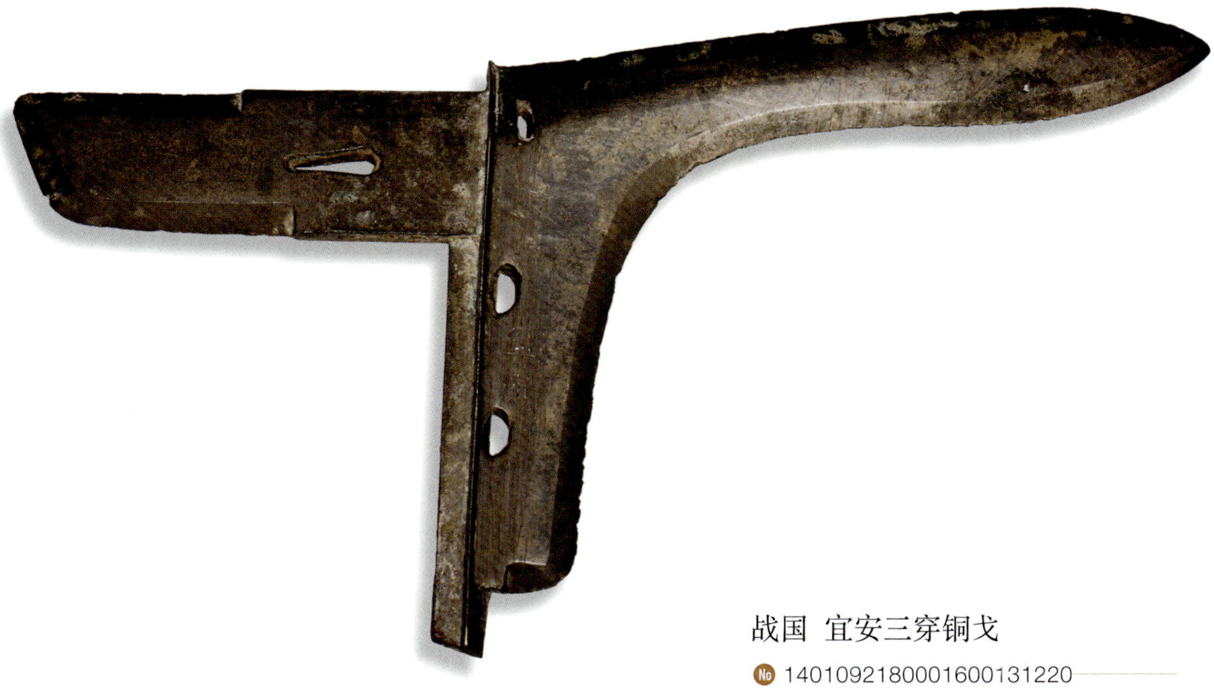

战国 宜安三穿铜戈

No 1401092180001600131220

藏 山西博物院

原 S.1999

级 一级

类 铜器

代 战国

cm 长 28.2，宽 15.5

源 1976 年山西省临县窑头古城出土

入 1976 年

战国 邙皮三穿铜戈

No 1401092180001600150421

藏 山西博物院

原 中 0071

级 一级

类 铜器

代 战国

cm 通长 32，援长 19，宽 3.5

源 1958 年山西省吕梁市离石区征集

入 1959 年

战国 宜乘乍棘戟铜戟

No 14010921800016000311900

藏 山西博物院

原 东 843

级 一级

类 铜器

代 战国

cm 通长 27.5，阑长 12.6

源 1955 年山西省长治分水岭 14 号墓出土

入 1959 年

战国 宜乘铜戟

No 1401092180001600030930

- 藏 山西博物院
- 原 东 846
- 级 一级
- 类 铜器
- 代 战国
- cm 通长 27.5，阑长 13
- 源 1955 年山西省长治分水岭 14 号墓出土
- 入 1959 年

战国 错银云纹铜承弓器

- No 1401092180001600127264
- 藏 山西博物院
- 原 60.E.549
- 级 一级
- 类 铜器
- 代 战国
- cm 通长 21.3，銎口长 4.8，銎口宽 2.7
- 源 1954 年山西省永济县薛家崖出土
- 入 1959 年

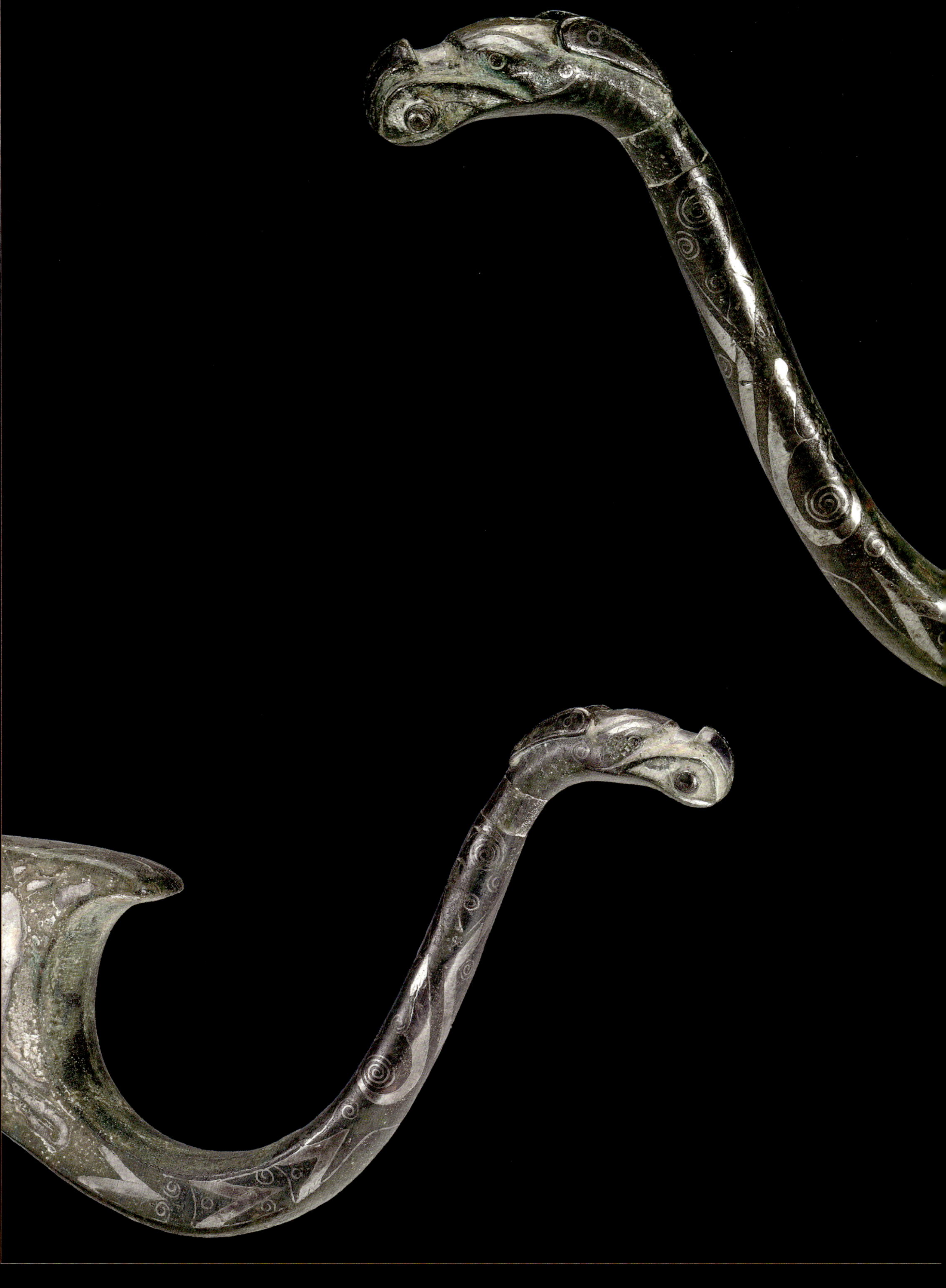

战国 四槽铜轴碗

No 1401092180001600131809
藏 山西博物院
原 60.E.546(1)
级 一级
类 铜器
代 战国
cm 直径 5.7，内径 2.9
源 1954 年山西省永济县薛家崖出土
入 1959 年

战国 四槽铜轴碗

No 1401092180001600131257
藏 山西博物院
原 60.E.546(2)
级 一级
类 铜器
代 战国
cm 直径 5.5，内径 2.9
源 1954 年山西省永济县薛家崖出土
入 1959 年

战国 四槽铜轴碗

No 1401092180001600131867

藏 山西博物院

原 60.E.546(3)

级 一级

类 铜器

代 战国

cm 直径 5.5，内径 2.9

源 1954 年山西省永济县薛家崖出土

入 1959 年

战国 六齿铜轴碗

No 1401092180001600131773

藏 山西博物院

原 60.E.539

级 一级

类 铜器

代 战国

cm 直径 4.6，内径 2.4

源 1954 年山西省永济县薛家崖出土

入 1959 年

战国 六齿铜轴

No 1401092180001600131214

藏 山西博物院

原 60.E.545

级 一级

类 铜器

代 战国

cm 长 4，最大径 2.8

源 1954 年山西省永济县薛家崖出土

入 1959 年

战国 铜五齿轮

No 1401092180001600131942

藏 山西博物院

原 60.E.1145

级 一级

类 铜器

代 战国

cm 高 1，最大径 3

源 1954 年山西省永济县薛家崖出土

入 1959 年

战国 方孔铜齿轮

- No 14010921800016001311380
- 藏 山西博物院
- 原 60.E.544
- 级 一级
- 类 铜器
- 代 战国
- cm 直径 5.1，高 2.8
- 源 1954 年山西省永济县薛家崖出土
- 入 1959 年

战国 铜锯条

- No 14010921800016001311243
- 藏 山西博物院
- 原 60.E.535(1)
- 级 一级
- 类 铜器
- 代 战国
- cm 长 7.5，宽 3.6
- 源 1954 年山西省永济县薛家崖出土
- 入 1959 年

战国 铜锯条

- No 14010921800016001504l6
- 藏 山西博物院
- 原 60.E.535(2)
- 级 一级
- 类 铜器
- 代 战国
- cm 长 4.7，宽 1.2
- 源 1954 年山西省永济县薛家崖出土
- 入 1959 年

战国 镂空蟠虺纹铜车盖顶

No 14010921800016001500435

藏 山西博物院

原 东 1232

级 一级

类 铜器

代 战国

cm 高 13.1，直径 9.5

源 1955 年山西省长治分水岭 12 号墓出土

入 1958 年

战国 错金银铜器口

No 1401092180001600127234

藏 山西博物院

原 60.E.275(1)

级 一级

类 铜器

代 战国

cm 口径 22.5，高 1.5

源 1954 年山西省河津县九龙岗出土

入 1959 年

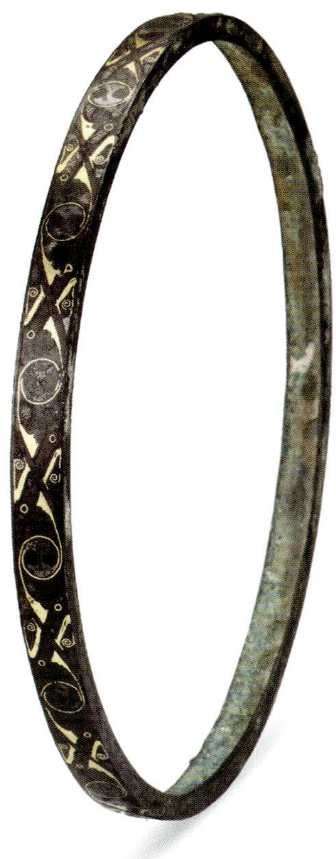

战国 错银铜器口

No 1401092180001600131750

藏 山西博物院

原 60.E.275(2)

级 一级

类 铜器

代 战国

cm 直径 21.9，高 1.5

源 1954 年山西省河津县九龙岗出土

入 1959 年

战国 错金银铜器口

No 14010921800016001 27227

藏 山西博物院

原 60.E.274

级 一级

类 铜器

代 战国

cm 口径 11，高 2

源 1954 年山西省河津县九龙岗出土

入 1959 年

西汉 鎏金胡傅铜酒樽

No 1401092180001610024257

藏 山西博物院

原 63.E.122

级 一级

类 铜器

代 西汉

cm 高 35，口径 65.6

源 1963 年山西省右王县大川村出土

入 1963 年

西汉 鎏金胡傅铜温酒樽

No 14010921800016100024258

藏 山西博物院

原 63.E.121

级 一级

类 铜器

代 西汉

cm 通高 24.4，口径 23.1

源 1963 年山西省右玉县大川村出土

入 1963 年

西汉 鎏金胡傅铜温酒樽

No 1401092180001610024259

藏 山西博物院

原 63.E.120

级 一级

类 铜器

代 西汉

cm 通高 24.4，口径 23.1

源 1963 年山西省右玉县大川村出土

入 1963 年

汉 上郡水府铜盘

No 1401092180001600131691
藏 山西博物院
原 63.E.125
级 一级
类 铜器
代 汉
cm 高 10，口径 39
源 1963 年山西省右玉县大川村出土
入 1963 年

西汉 俳优人物铜镇

No 1401092180001600065000

藏 山西博物院

原 S.5603

级 一级

类 铜器

代 西汉

cm 高 7.3

源 1983 年山西平朔露天煤矿 58 号墓出土

入 2010 年

西汉 俳优人物铜镇

No 1401092180001600065261

藏 山西博物院

原 S.5604

级 一级

类 铜器

代 西汉

cm 高 5.9

源 1983 年山西平朔露天煤矿 58 号墓出土

入 2010 年

西汉 俳优人物铜镇

No 1401092180001600064821

藏 山西博物院

原 S.5601

级 一级

类 铜器

代 西汉

cm 高 5.5

源 1983 年山西平朔露天煤矿 58 号墓出土

入 2010 年

西汉 俳优人物铜镇

No 1401092180001600065087

藏 山西博物院

原 S.5602

级 一级

类 铜器

代 西汉

cm 高 7

源 1983 年山西平朔露天煤矿 58 号墓出土

入 2010 年

汉 漯仓平斛铜量

No 14010921800001600150407

藏 山西博物院

原 62.B.1168

级 一级

类 度量衡器

代 汉

cm 通高 27.3，口径 33.2

源 1962 年于山西省太谷县征集

入 1962 年

汉 晋阳铜钫

No 1401092180001600131356

藏 山西博物院

原 63.E.17

级 一级

类 度量衡器

代 汉

cm 通高 42.5，口长 11.9、宽 11.9

源 1961 年山西省太原市东太堡出土

入 1963 年

汉 常方半有柄铜量

No 14010921800016001300865

藏 山西博物院

原 S.2697

级 一级

类 度量衡器

代 汉

cm 通长 28.5，宽 10.4，高 6.9

源 1978 年山西省太原电解铜厂拣选

入 1978 年

汉 代食官糟铜锺

No 14010921800016001054447

藏 山西博物院

原 63.E.13

级 一级

类 度量衡器

代 汉

cm 通高 45.5，口径 18，腹径 34

源 1961 年山西省太原市东太堡出土

入 1963 年

汉 清河太后中府铜锺

No 1401092180001610024256

藏 山西博物院

原 63.E.14

级 一级

类 度量衡器

代 汉

cm 通高 37.2，口径 14.6，腹径 27

源 1961 年山西省太原市东太堡出土

入 1963 年

汉 四神铜染炉

No 1401092180001610021504

藏 山西博物院

原 S.5587

级 一级

类 铜器

代 汉

cm 通高 24，长 22.5

源 1982 年山西省平朔露天煤矿 7 号墓出土

入 2010 年

汉 成山宫铜行灯

No 1401092180001610021503

藏 山西博物院

原 S.5588

级 一级

类 铜器

代 汉

cm 通高 4.2，通长 28，口径 11.4

源 1983 年山西省平朔露天煤矿 51 号墓出土

入 2010 年

汉 雁鱼铜灯

No 1401092180001610021783

藏 山西博物院

原 S.4339

级 一级

类 铜器

代 汉

cm 通高 55.3，长 32

源 1986 年山西省襄汾县吴兴庄出土

入 2000 年

北魏 太和十九年左兴造铜观音立像

No 14010921800016001231231

藏 山西博物院

原 54.5.4563

级 一级

类 雕塑、造像

代 北魏太和十九年（495）

cm 通高 18.5，长 8.8，宽 6.2

源 1952 年山西省太原市姑姑庵征集

入 1953 年

东魏 武定六年郭□造铜菩萨立像

- No 1401092180001600131437
- 藏 山西博物院
- 原 S.3765
- 级 一级
- 类 雕塑、造像
- 代 东魏武定六年（548）
- cm 通高 12.7，长 4.3，宽 4.5
- 源 1983 年山西省武乡县党城村出土
- 入 1983 年

东魏 武定七年孙贵姜造鎏金铜造像

No 14010921800016001311170

藏 山西博物院

原 S.4311

级 一级

类 雕塑、造像

代 东魏武定七年（549）

cm 通高 10.8，长 3.8，宽 3.4

源 1986 年山西省寿阳县城北出土

入 1994 年

北齐 天保四年铜菩萨立像

No 1401092180001600130983

藏 山西博物院

原 S.3767

级 一级

类 雕塑、造像

代 北齐天保四年（553）

cm 通高 10.9，长 4，宽 3.2

源 1983 年山西省武乡县党城村出土

入 1983 年

北齐 皇建二年郭义造铜佛坐像

No 14010921800001600131658

藏 山西博物院

原 S.3768

级 一级

类 雕塑、造像

代 北齐皇建二年（561）

cm 通高 17.1，长 6.2，宽 4

源 1983 年山西省武乡县党城村出土

入 1983 年

北齐 皇建二年铜菩萨坐像

No 1401092180001600131869

藏 山西博物院

原 S.3769

级 一级

类 雕塑、造像

代 北齐皇建二年（561）

cm 通高 17.1，长 6.1，宽 4

源 1983 年山西省武乡县党城村出土

入 1983 年

北齐 天统三年郭策造铜观音立像

No 140109218000160013193 5

藏 山西博物院

原 S.3770

级 一级

类 雕塑、造像

代 北齐天统三年（567）

cm 通高 14，长 5，宽 3.9

源 1983 年山西省武乡县党城村出土

入 1983 年

北齐 天统三年铜菩萨立像

No 14010921800016001317763

藏 山西博物院

原 S.3771

级 一级

类 雕塑、造像

代 北齐天统三年（567）

cm 通高 13.5，长 4.3，宽 3.5

源 1983 年山西省武乡县党城村出土

入 1983 年

北齐 鎏金铜瓶

No 14010921800016100214502

藏 山西博物院

原 S.6598

级 一级

类 铜器

代 北齐河清元年（562）

cm 通高 15，口径 3，腹径 8

源 1973 年山西省寿阳县贾家庄厍狄迴洛墓出土

入 2013 年

北齐 鎏金带流铜瓶

No 14010921800016100214533

藏 山西博物院

原 S.6595

级 一级

类 铜器

代 北齐河清元年（562）

cm 通高 14.2，口径 3，腹径 7

源 1973 年山西省寿阳县贾家庄厍狄迴洛墓出土

入 2013 年

北朝 铜牛车

No 1401092180001610021782

藏 山西博物院

原 S.4340

级 一级

类 铜器

代 北朝

cm 通高 20，通长 30

源 1987 年山西省公安厅移交

入 1987 年

隋 开皇四年翟阿妮造鎏金观音铜造像

No 1401092180001600131669

藏 山西博物院

原 S.4312

级 一级

类 雕塑、造像

代 隋开皇四年（584）

cm 通高 11.3，长 4，宽 3.2

源 1986 年山西省寿阳县城北出土

入 1990 年

隋 开皇十三年程长洛造鎏金铜造像

No 1401092180001600131762

藏 山西博物院

原 S.4313

级 一级

类 雕塑、造像

代 隋开皇十三年（593）

cm 通高 10.4，长 3.5，宽 2.3

源 1986 年山西省寿阳县城北出土

入 1990 年

隋 菩萨二弟子三联铜造像

No 140109218000160013096

藏 山西博物院

原 S.4314

级 一级

类 雕塑、造像

代 隋

cm 通高 13.4，长 6，宽 2.8

源 1986 年山西省寿阳县城北出土

入 1990 年

隋 菩萨二弟子三联铜造像

No 14010921800016000130947

藏 山西博物院

原 S.4315

级 一级

类 雕塑、造像

代 隋

cm 通高 10.1，长 5.7，宽 2.3

源 1986 年山西省寿阳县城北出土

入 1990 年

隋 鎏金铜菩萨立像

- No 1401092180001600130306
- 藏 山西博物院
- 原 S.4316
- 级 一级
- 类 雕塑、造像
- 代 隋
- cm 通高 8.1，长 2.8，宽 2.4
- 源 1986 年山西省寿阳县城北出土
- 入 1990 年

明 彩绘文殊菩萨铜坐像

No 14010921800016001318 77

藏 山西博物院

原 S.4743

级 一级

类 雕塑、造像

代 明

cm 通高 32，长 22.3，宽 13.6

源 2001 年山西省五台山佛光寺文管所拨交

入 2001 年